GW01217369

Antur Twm Twrch

i Cerys

Argraffiad cyntaf: Tachwedd 2007

Cyhoeddwyd gyda chymorth ariannol Cyngor Llyfrau Cymru

Rhif Llyfr Rhyngwladol: 978 1847 710260

Argraffwyd a chyhoeddwyd yng Nghymru gan
Y Lolfa Cyf., Talybont, Ceredigion SY24 5AP
e-bost ylolfa@ylolfa.com
y we www.ylolfa.com
ffôn (01970) 832 304
ffacs 832 782

Antur Fawr Twm Twrch

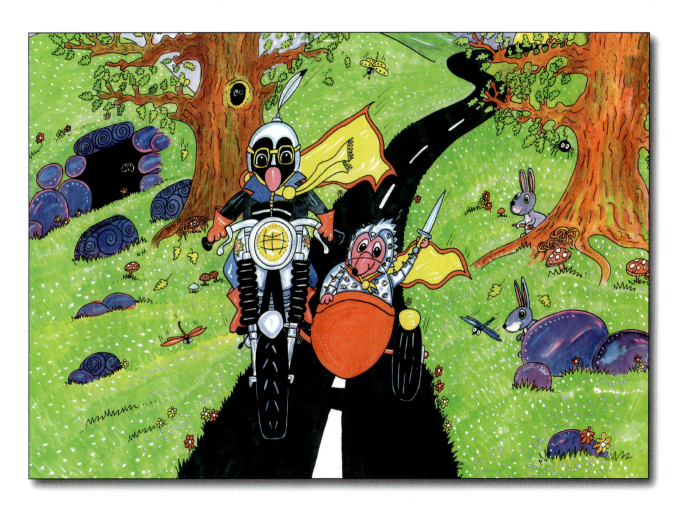

Richard Llwyd Edwards

y Lolfa

Roedd Twm Twrch a Dilwyn Draenog wrthi'n brysur yn paratoi ar gyfer mynd i wersylla. Roedd yr holl gêr yn cael ei bacio i mewn i'r cerbyd coch wrth ochr y beic modur – tegell, tedis, trôns a sanau glân, wyau ffres…

Roedd Twm yn brysur yn astudio map o Gymru, er mwyn penderfynu ble i fynd ar eu taith. Roedd wedi bod yn darllen hen lyfr chwedlau a gafodd gan Nain a Taid. Roedd eisiau ymweld â'r llefydd hynny roedd sôn amdanyn nhw yn y chwedlau.

"Mm … fe awn ni i'r Gogledd yn gyntaf," meddai Twm. "Mae 'na lawer o straeon diddorol yno – yr hen chwedlau sy'n sôn am fôr-ladron, ysbrydion, cewri, y Brenin Arthur, Owain Glyndŵr …"

"Cŵl! Syniad grêt!" cytunodd Dilwyn. "Wyt ti'n credu mewn pethau fel 'na, Twm?"

"Wel, dw i ddim yn siŵr," meddai Twm. "Dim ond mewn hen lyfrau fel hyn mae'r straeon yn dal yn fyw heddiw." A rhoddodd Twm y llyfr chwedlau'n ddiogel yn ei sgrepan.

"Ww!" meddai Dilwyn. "Rhaid i fi beidio ag anghofio fy nghamera newydd, rhag ofn y gwelwn ni rywbeth diddorol."

Cyn bo hir, roedd popeth yn barod – y beic yn sgleinio ac yn llawn petrol, a'r ddau deithiwr yn barod am antur.

"Dyma fy ffôn symudol i," meddai Ffowc y Ffarmwr. "Defnyddiwch o mewn argyfwng. A chofiwch – peidiwch â mynd yn rhy gyflym!"

"A pheidiwch ag anghofio newid eich sanau a'ch trôns bob dydd, ac i frwsio'ch dannedd!" meddai Mrs Ffowc.

Roedd pawb ar y fferm wedi ymgynnull er mwyn ffarwelio â Twm a Dilwyn, ac yna fe ruodd y ddau i lawr y ffordd a diflannu i'r pellter.

Roedd hi'n dechrau nosi pan benderfynodd y ddau y byddai'n rhaid iddyn nhw edrych ar y map. Roedden nhw ar goll!

"Fe wnawn ni ddadbacio a gwersylla yma dros nos," meddai Twm.

Ond wrth iddyn nhw osod y babell, dechreuodd y gwynt chwythu … a chwythu. Cyn bo hir, roedd eu gêr i gyd yn chwyrlïo o'u cwmpas. Byddai'n amhosib codi pabell yn y fath wynt!

Yn sydyn, gwaeddodd Dilwyn,

"Sbia, Twm! Draw fan 'cw, tu ôl yr hen goeden! Ogof! Fe allwn ni fynd i mewn i'r ogof i gysgodi!"

"Syniad gwych," meddai Twm. "Fe allwn ni wneud tân i goginio swper a chysgodi rhag y gwynt ofnadwy 'ma. Tyrd!"

Ar ôl casglu eu pethau ynghyd, dyma nhw'n rhedeg draw at gysgod yr ogof.

Roedd hi'n llaith a thywyll y tu mewn i'r ogof ac roedd ystlumod yn hedfan o gwmpas eu pennau, ond roedd yno ddigon o goed sych i gynnau tân. Roedd y fflamau coch yn creu cysgodion dychrynllyd ar y waliau carreg. Newydd orffen yfed paned gynnes o de a bwyta selsig oedden nhw, pan ddwedodd Dilwyn,

"Hei, Twm! Sbia ar y garreg enfawr 'na sy yn y wal!"

"Cŵl!" meddai Twm. "Fe wnes i sylwi ar yr un patrwm ar rai o'r cerrig eraill. Mae'n edrych fel hen batrwm Celtaidd. Tyrd i sbio'n agosach!"

Wrth edrych yn fwy manwl, a byseddu'r patrymau hardd ar y garreg enfawr, dyma hi'n symud!

"Waw!" meddai Twm. "Drws ydy o! Drws cyfrinachol!"

Siglodd y drws ar agor yn araf, a dyma'r ddau'n edrych yn syn ar yr olygfa o'u blaenau. Roedd yno ystafell fawr, yn llawn hen siwtiau arfwisg metel, helmedau, tarianau, a chleddyfau ac arfau o bob math.

"Waw!" gwichiodd Dilwyn. "Mae hyn yn anhygoel!"

"Mae fel bod mewn byd arall. Mae'n union fel golygfa o'r hen chwedlau yn llyfr Nain a Taid!" meddai Twm. "Tyrd, Dilwyn. Gad i ni eu gwisgo nhw!"

Roedd yn rhaid i'r ddau drio pob gwisg oedd yno. Roedd y gwisgoedd yn drwm iawn, ac roedden nhw'n cael trafferth cerdded. Fe gawson nhw hwyl yn esgus ymladd â'r cleddyfau. Penderfynodd y ddau ar eu hoff wisgoedd, a dwedodd Dilwyn,

"Tyrd, fe awn ni nôl i'r ogof i gael tynnu llun efo'r camera. Rwyt ti'n edrych yn union fel arwr o'r hen chwedlau!"

"Gwell i ni adael y cleddyfau yma, rhag ofn i un ohonon ni frifo," meddai Twm yn gall.

"Iawn!" meddai Dilwyn. "Wyt ti'n siŵr nad ydw i'n codi ofn arnat ti yn y wisg 'ma?"

"Nag wyt, wir!" atebodd Twm. "Tyrd i nôl y camera o'r ogof."

"O na, mae'n iawn, Twm. Dyma'r camera fan hyn," meddai Dilwyn.

Ac wrth droi'n ôl, digwyddodd rhywbeth rhyfedd…

Roedd yr ogof wedi diflannu!

Yn ei lle, roedd neuadd enfawr mewn hen gastell! Ac roedd milwr mewn arfwisg yn eu hatal rhag mynd i mewn.

Yn sydyn, dyma lais fel utgorn yn gweiddi ar draws y neuadd,

"Arhoswch! Peidiwch ag ymosod arnyn nhw! Croeso mawr i chi, ein ffrindiau o'r Drws Hudol!"

Rhythodd Twm a Dilwyn ar Frenin a Brenhines y Tyrchod yn cerdded yn fawreddog i mewn i'r neuadd.

"Waw!" meddai Twm.

"Aaaa!" meddai Dilwyn.

"Ust!"meddai Twm. "Tyrd! Mae rhywbeth anhygoel yn digwydd yma!"

Aeth camera Dilwyn 'clic'!

Cafodd Twm a Dilwyn wledd o bry genwair llithrig i'w bwyta y noson honno, yng nghwmni Brenin a Brenhines y Tyrchod a'u ffrindiau.

"Pam rydych chi'n gwisgo arfwisgoedd, fel yr hen arwyr?" gofynnodd Brenhines Tegwen Twrch.

"Fe ddaethon ni o hyd iddyn nhw mewn ogof," atebodd Dilwyn. "Dydyn ni ddim yn arwyr go iawn."

"Wel," meddai Brenin Tanllyd Twrch. "Mae'r Drws Hudol wedi caniatáu i chi ddod yma, ac mae angen dau arwr arnon ni."

Roedd Tywysoges Tara Twrch wedi bod ar goll ers chwe wythnos. Roedd y Brenin a'r Frenhines yn sicr ei bod hi wedi cael ei charcharu gan y ddraig yng Nghastell y Ddraig.

"Dyma'r dasg i chi'ch dau – achub y Dywysoges a dod â hi nôl yma'n ddiogel," cyhoeddodd y Brenin.

Dyma gyfle i Twm a Dilwyn fod yn arwyr go iawn.

Wedi'r wledd, daeth Deri y Dewin Dawnus at Twm a Dilwyn a dweud,

"Rhaid i chi fod yn ofalus iawn. Mae'r siwrne tuag at Gastell y Ddraig yn beryglus. Rhaid i chi gwblhau pump o dasgau ar y ffordd yno. Yn gyntaf, bydd rhaid i chi groesi Cors Alarus y Gwylliaid Cochion, lle mae'r ysbrydion yn marchogaeth ar eu ceffylau gwyllt …"

"Aaaa!" gwichiodd Dilwyn.

"Ust!" meddai Twm.

"Yn ail, bydd rhaid i chi groesi Llyn yr Afanc, lle mae'r sarff dŵr yn byw ers dros fil o flynyddoedd."

"Aaaa!" gwichiodd Dilwyn.

"Ust!" meddai Twm.

"Yn drydydd, bydd rhaid i chi fynd trwy'r Goedwig Dywyll, cartref yr Hen Wrach a'r Tylwyth Teg. Lle rhyfeddol a hudol. Ac yn bedwerydd, bydd yn rhaid i chi fynd dros Dir y Cewri a'r Twrch Tew cyn eich pumed tasg, sef achub y Dywysoges!"

"Aaaa!" gwichiodd Dilwyn.

"Ust!" meddai Twm. "Meddylia – fe fyddwn ni'n arwyr go iawn wedyn."

Trannoeth, wrth iddi wawrio, dechreuodd Twm a Dilwyn ar eu taith i Gastell y Ddraig.

Roedd y daith yn hir, a Dilwyn yn cwyno fod ei arfwisg yn drwm a'i goesau'n brifo. Ond yna, sylweddolodd pam ei bod hi'n anodd codi ei draed o'r llawr. Roedden nhw'n suddo i mewn i'r tir corsiog, gwlyb!

"Aaaa! 'Dan ni'n suddo! Help! Be 'nawn ni?" gwaeddodd Dilwyn mewn panig llwyr. Ond ni chafodd ateb gan Twm, oherwydd roedd hwnnw'n syllu'n geg-agored ar ryw siapiau rhyfedd, niwlog o'u blaenau.

Wrth i'r niwl glirio, daeth siâp dau geffyl a'u marchogion i'r golwg.

"Ysbrydion y Gwylliaid Cochion a'u ceffylau!" sgrechiodd Twm.

Aeth camera Dilwyn 'clic'!

"Peidiwch â dychryn!" gwaeddodd y marchogion, wrth garlamu tuag atynt drwy'r awyr.

A'r eiliad wedyn, roedd Twm a Dilwyn yn cael eu tynnu allan o'r gors gan ysbrydion y Gwylliaid Cochion.

"Dringwch ar y ceffylau!" meddai'r Gwylliaid Cochion. "Fe wnân nhw eich cario chi'n ddiogel dros y gors. I ble 'dach chi'n mynd?"

"I Gastell y Ddraig i achub Tywysoges Tara," atebodd Twm.

"Cŵl!" meddai'r Gwylliaid. "Rydych chi'n union fel arwyr o'r hen chwedlau. Fe gewch chi gymryd ein ceffylau ni. Wel, ffarwél a phob lwc!"

Ac i ffwrdd â nhw.

"Wel, dyna beth oedd lwc!" meddai Twm. "Llyn yr Afanc sy nesa. Fe fydd y ceffylau hud yn siŵr o'n cario ni'n ddiogel dros y llyn."

Diolch i'r ceffylau cyflym, fe gyrhaeddon nhw'r Llyn ymhen dim. Llithrodd y ceffylau'n ddistaw dros y llyn arian, heb greu cryndod o gwbl ar wyneb y dŵr.

"Hei, mae hyn yn hwyl!" gwaeddodd Twm yn hapus. "Does dim sôn am y sarff dŵr yn unman!"

Ond yn sydyn, ymddangosodd siâp llong fawr a daeth sŵn lleisiau blin dros y dŵr – rhyw weiddi cas a dynion yn chwifio'u cleddyfau'n wyllt.

"Môr-ladron!" sibrydodd Twm yn ofnus. "Maen nhw'n saethu magnelau aton ni!"

"Aaaa!" gwichiodd Dilwyn.

"Ust!" meddai Twm. "Neidia i mewn i'r llyn! Dyna'r unig gyfle i ddianc."

A dyma'r ddau'n deifio i ddiogelwch y dŵr.

"Ha, ha!" gwaeddodd y môr-ladron yn greulon. "Os na wnawn *ni* eich dal chi, fe wnaiff yr afanc eich llyncu chi!"

Ond roedd Twm a Dilwyn yn gwisgo arfwisgoedd trwm, ac roedd y ddau'n suddo'n ddyfnach ac yn ddyfnach i waelod y llyn.

Wrth suddo'n is ac yn is, llithrodd siâp hir tuag atyn nhw. Siâp mawr, efo llygaid a dannedd mawr. Siglodd y siâp o ochr i ochr, gan ddod yn nes ac yn nes …

"Aaaa! Yr Afanc! Bydd yn ofalus, Dilwyn!" rhybuddiodd Twm.

"Aaaa!" sgrechiodd Dilwyn. "Dyma ein diwedd ni, Twm! Twm! Cofia taw ti oedd fy ffrind gorau i yn y byd i gyd!"

Daeth yr Afanc yn agosach, ac wrth i'r siâp dyfu'n fwy ac yn fwy …

"Aros funud!" meddai Twm. "Dydy'r Afanc ddim yn mynd i ymosod arnon ni! Sbia!"

Wrth iddo siarad, fe allai'r ddau weld môr-forynion hardd yn nofio fel pysgod sgleiniog gyda'r Afanc.

"Peidiwch ag ofni!" meddai'r môr-forynion. "Mae'r Afanc yn llysieuwr. Wnaiff o byth eich bwyta chi! Dewch! Dringwch ar ei gefn ac fe wnaiff o eich cario chi i ochr arall y llyn."

Doedd y ddau ddim yn gallu credu eu bod nhw'n cael reid ar gefn afanc, gyda môr-forynion yn nofio'n osgeiddig wrth eu hymyl a pheli magnelau'n syrthio'n drwm yn y dŵr y tu ôl iddyn nhw!

Ar ôl cyrraedd yr ochr draw roedden nhw'n ddiogel. Diolchodd y ddau i'r afanc ac yna dechreuodd Twm a Dilwyn deithio ar hyd y llwybr tuag at y Goedwig Dywyll a fyddai'n eu harwain, gobeithio, at y dywysoges. Ac yn wir, cyn bo hir, roedd coed tal, tywyll bob ochr i'r llwybr.

Mentrodd y ddau i mewn i'r goedwig a dod ar draws Tylwyth Teg lliwgar yn protestio a gweiddi. Roedd un ffigwr tal yn y canol yn gwisgo het bigfain, goch.

"Beth sy'n digwydd?" gofynnodd Twm i'r un a oedd yn hedfan wrth ei glust.

"Mae'r Hen Wrach hyll yn bwriadu torri'r coed er mwyn adeiladu ysgol i hyfforddi gwrachod," meddai un o'r Tylwyth Teg mewn llais bach gwichlyd. "Dydy o ddim yn deg. Ry'n ni wedi byw ar y tir yma ers canrifoedd." A dyma hi'n dechrau crio ar ysgwydd Dilwyn.

Cerddodd Twm yn ddewr at yr Hen Wrach.

"Esgusodwch fi," meddai, a'i lais yn crynu. "Ry'n ni ar ein ffordd i achub Tywysoges Tara. Ym…fe allech chi adeiladu'r ysgol yn rhywle arall. Mae 'na ddigon o dir gwag o gwmpas y goedwig. Fe fyddai pawb yn hapus wedyn."

"Mm …" meddyliodd yr Hen Wrach. "Achub Tywysoges Tara … Tir gwag … Os gwna i hynny, fe fydd rhaid i chi wneud rhywbeth drosta i. Rwy'n hoff iawn o'r lliw coch, felly rwy am i chi weu carped coch o wallt coch y cewri. Nid peth hawdd fydd hynny, cofiwch. Bydd yn rhaid dwyn y siswrn a'r grib aur oddi ar y Twrch Tew a'u defnyddio nhw i dorri'r gwallt."

Fe gytunodd Twm a Dilwyn ac i ffwrdd â nhw i Dir y Cewri.

Roedd Tir y Cewri'n lle oer, gwyntog a dyma Twm a Dilwyn yn gweld cawr, cawres a thwrch mawr tew'n cerdded tuag atyn nhw. Roedd y ddau gawr yn chwerthin yn braf ac yn rhoi mwythau i'r Twrch Tew.

"Esgusodwch fi," galwodd Twm.

Edrychodd y ddau gawr o'u cwmpas ac ar ôl gweld Twm a Dilwyn, dyma nhw'n plygu i lawr er mwyn eu gweld yn iawn.

"Ry'n ni ar ein ffordd i achub Tywysoges Tara o Gastell y Ddraig," ac esboniodd Twm beth oedd eu tasg.

"Wel wir. Fe fyddai'n braf cael steil gwallt newydd. Dydw i ddim wedi torri 'ngwallt ers pum can mlynedd!" meddai'r gawres yn gyffrous. "Twrch Tew, tyrd â'r siswrn a'r grib aur i ni!"

Roedd y siswrn a'r grib aur yn gweithio'n berffaith, a chyn bo hir roedd 'na bentwr o wallt coch yn barod i'r Tylwyth Teg ei weu'n garped coch.

"O cariad!" meddai'r gawres wrth y cawr. "Rwyt ti'n edrych gan mlynedd yn iau!" A rhoddodd gusan mawr swnllyd iddo.

Aeth camera Dilwyn 'clic'!

"Dyna dasg arall wedi ei chwblhau!" meddai Twm Twrch wrth fynd ar eu taith tuag at Gastell y Ddraig. "Llwyddiant, Dilwyn bach. Dim ond un dasg arall ar ôl!"

Erbyn hyn roedd y ddau'n teimlo fel arwyr go iawn, ond wrth agosáu at ddrws y castell mawr ar gopa'r mynydd, meddai Dilwyn,

"Twm, wyt ti'n gallu coelio hyn? Cnocio ar ddrws castell ac aros i ddraig ei agor! 'Dan ni'n wallgo'!"

Ar hynny, daeth sŵn bollt y tu ôl i'r drws, ac yna agorodd yn ara bach … a dyna lle roedd y ferch harddaf yn y byd i gyd – Tywysoges Tara Twrch!

"Ym, esgusodwch fi," meddai Twm. "Ry'n ni wedi dod i d'achub di rhag y ddraig fawr gas. Mae dy fam a dy dad wedi bod yn poeni amdanat ti."

"O, rydych chi'n arwyr," meddai gan wenu. "Gwell i chi ddod i mewn, te, ond yn dawel cofiwch achos mae o'n cysgu'n sownd. Ro'n i ar fin gwneud potel iddo. Fe fydd o wrth ei fodd yn chwarae efo chi."

"Cysgu? Potel? Chwarae?" gofynnodd Twm mewn penbleth, wrth ddilyn Tywysoges Tara i mewn i Gastell y Ddraig.

Aeth camera Dilwyn 'clic'!

"Dyma'r ddraig!" meddai Tywysoges Tara Twrch, gan godi rhyw fwndel bach coch o'r fasged ar y llawr.

"Aaaa! Draig!" gwichiodd Dilwyn.

"Ust!" meddai Twm gan chwerthin. "Dim ond babi draig ydy hi! Mae hi mor ciwt – cwtshi cwtshi cŵ! Ond pam wyt ti'n gofalu amdani? Ble mae ei mam hi, te?"

"Wel, i dorri stori hir yn fyr, ro'n i allan yn casglu blodau un diwrnod pan welais i ddraig goch fawr yn hedfan uwchben. Roedd hi'n cario basgedaid o wyau yn ei chrafanc, ac fe syrthiodd un o'r wyau a glanio wrth fy nhraed. Erbyn trannoeth, roedd crac yn y plisgyn ac yn sydyn cafodd y ddraig ei geni! Mae hi'n chwe wythnos oed heddiw a dyw ei mam heb ddod i'w nôl hi eto!"

"O, bechod!" meddai Dilwyn.

"Bwrrpp!" meddai'r ddraig.

Chwarddodd pawb.

Aeth camera Dilwyn 'clic'!

Ar ôl swper, chwarae gyda'r ddraig a siarad â'r dywysoges, dywedodd Twm, "Mae'n bryd i ni fynd yn ôl i'r palas."

"Ond beth am y ddraig? Fedra i ddim ei gadael hi ar ei phen ei hun – dim ond babi ydi hi!" meddai'r dywysoges.

"Beth am fynd â hi efo ni? Bydd y brenin a'r frenhines yn gwybod beth i'w wneud," awgrymodd Twm.

Felly, ar ôl casglu'r clytiau a'r poteli, a blanced i'w lapio am y ddraig fach, i ffwrdd â nhw am y palas.

"Oes gen ti ofn reidio'r Ceffylau Ysbrydol dros Dir y Cewri, trwy'r Goedwig Dywyll, heibio Llyn yr Afanc a Chors y Gwylliaid Cochion?" gofynnodd Twm.

"Ofn? Nag oes, siŵr," chwarddodd Tywysoges Tara. "Dim ond enwau mewn hen chwedlau ydyn nhw! Na, rwy'n gwybod am ffordd llawer cynt."

"Hei! Sbïwch!" galwodd Dilwyn.

Roedd y ddraig fach yn hedfan fel barcud coch yn yr awyr las.

Yn ôl ym Mhalas y Tyrchod cafodd y ddau groeso arwrol. Roedd y brenin a'r frenhines wrth eu bodd fod Tywysoges Tara adre'n ddiogel, ac roedd pawb wedi gwirioni â'r ddraig fach.

"Mae'n hamser ni yma wedi dod i ben," meddai Twm wrth y dorf oedd wedi ymgasglu i'w croesawu'n ôl.

"Mi fyddwn ni'n mynd â llond côl o atgofion efo ni," meddai Dilwyn.

Wrth wneud eu ffordd at y Drws Hudol, roedd carped coch ysblennydd wedi ei osod ar y llawr.

"Dim ond ymwelwyr pwysig, ac arwyr wrth gwrs, sy'n cael y carped coch!" gwaeddodd Tywysoges Tara. "Hwyl fawr i chi'ch dau! Bydd croeso i chi yma unrhyw bryd!"

Fe chwythodd gusan yr un iddyn nhw, gan wneud i'r ddau gochi at eu clustiau. Yr eiliad nesaf, roedden nhw'n ôl yn yr ogof laith, dywyll.

Ar eu ffordd adref i lawr yr allt ar y beic modur a'r cerbyd coch wrth ei ochr, trodd Twm at Dilwyn a dweud,

"Gwell i ni beidio â sôn am yr antur wrth neb. Fydd neb yn ein coelio ni, beth bynnag."

"Dw i'n methu coelio fy hun!" meddai Dilwyn. "Oedd o'n antur go iawn?"

"O oedd. Yn antur fawr iawn!" meddai Twm. "Be sy'n bod ar y beic 'ma? Mae'n teimlo'n llawer trymach nag arfer. Be sy gen ti yn y cerbyd 'na?"

"Dim ond un neu ddau o bethau i ddangos i'n ffrindiau," meddai Dilwyn.

Ac fe wnaeth y ddau chwerthin yr holl ffordd adre.

Wedi cyrraedd Fferm Ffowc roedd Twm a Dilwyn wedi blino'n lân ac aethon nhw'n syth i'r gwely a chysgu'n drwm drwy'r nos.

"Bore da! Croeso nôl!"

Roedd Ffowc y Ffermwr a Mrs Ffowc wedi dod â phaned o de iddyn nhw ac wedi agor y llenni i adael golau'r haul i mewn.

"Hei!" meddai Ffowc y Ffarmwr. "Beth yn y byd yw'r holl stwff ry'ch chi wedi dod yn ôl efo chi?"

Edrychodd y ddau allan drwy'r ffenest a dyna lle roedd yr anifeiliaid eraill i gyd wrthi'n dadbacio'r cerbyd ochr.

"Stwff? Pa stwff?" holodd Twm yn syn.

"Wps!" meddai Dilwyn.

Brysiodd Twm a Dilwyn allan i weld golygfa anhygoel.

Roedd yr anifeiliaid i gyd wedi'u gwisgo mewn siwtiau arfwisg.

"DILWYN!" gwaeddodd Twm.

"Mae'n ddrwg gen i, Twm," meddai Dilwyn. "Dim ond eu benthyg nhw wnes i. Wir!"

"Ond ble cawsoch chi'r stwff i gyd?" holodd Mrs Ffowc. "Mae 'na werth ffortiwn yma!"

"Mewn ogof," atebodd Dilwyn yn gynhyrfus. "Ac roedd 'na Ddrws Hudol, ysbrydion, cewri, Hen Wrach, Tylwyth Teg a Draig a ..."

"Ust!" meddai Twm.

Wythnos yn ddiweddarach, cyrhaeddodd pecyn o'r fferyllfa drwy'r post i Dilwyn. Agorodd Dilwyn y pecyn ac fe syrthiodd darn o bapur allan ac arno roedd y geiriau,

Dyma dy luniau, Dilwyn bach. Fe gest ti barti gwisg ffansi bythgofiadwy! Ond y tro nesa, cofia gadw dy fawd o'r ffordd!

Cofion cynnes,

Mr Tomos y fferyllydd.

Chwarddodd Dilwyn. Parti gwisg ffansi bythgofiadwy!
Roedd hi wedi bod yn antur fawr iawn, wedi'r cyfan!

Hefyd ar gael o'r Lolfa:

Dwy gyfrol gyntaf Twm Twrch

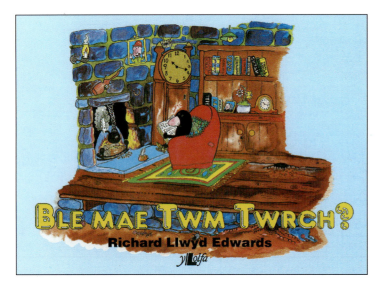

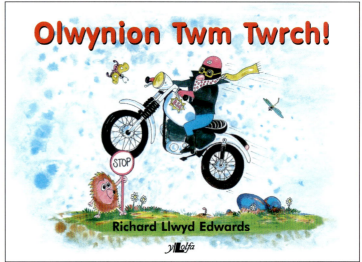

www.ylolfa.com